AF449485

© 2018 Il Terebinto Edizioni
Sede legale: Via degli Imbimbo 8/E
83100 Avellino
tel. 340/6862179
e-mail: terebinto.edizioni@gmail.com
www.ilterebintoedizioni.it

LUCIA DI MARO

FENOMENOLOGIA DI MIKA

«Ti prego, potresti diventare mio fratello?»

INDICE

1

MIKE E MIKA

Dichiariamo subito, come appare anche evidente fin dal titolo, che questo trattatello si ispira alla celebre *Fenomenologia di Mike Bongiorno* con cui Umberto Eco, nel 1961, analizzò i motivi dell'incredibile successo di Bongiorno nell'Italia di quegli anni. Studiandone i comportamenti, lo stile, perfino le famose *gaffes*, Eco concludeva che il successo riscosso dal presentatore era dovuto

al fatto che in ogni parola del personaggio cui dà vita davanti alle telecamere traspare una mediocrità assoluta... Lo spettatore vede glorificato e insignito ufficialmente di autorità nazionale il ritratto dei propri limiti...

Egli rappresenta un ideale che nessuno deve sforzarsi di raggiungere perché chiunque si trova già al suo livello.

Purtroppo non possiamo sapere a quali conclusioni sarebbe arrivato Eco se avesse applicato la stessa metodologia per analizzare i motivi del successo di Mika, né abbiamo la presunzione di sostituirci al grande semiologo e filosofo.

E nemmeno sembri irriverente l'accostamento tra il celebre Mike "nazionale" e la giovane popstar d'origine libanese che pure, curiosamente, qualche punto in comune mostrano d'averlo pur non potendosi immaginare due personaggi più lontani e diversi.

Per esempio il vero nome di entrambi è Michael; entrambi di origini statunitensi per parte di padre e soprattutto entrambi divenuti popolarissimi in Italia grazie al mezzo televisivo, fatte ovviamente le dovute proporzioni in considerazione che all'epoca di

Bongiorno esisteva un unico canale televisivo.

Qual è il segreto di Mika? Se lo domandano opinionisti, critici musicali e critici televisivi di fronte al fenomeno della popstar che piace sia ai giovani e giovanissimi, che affollano i suoi concerti, sia ad un pubblico più maturo e musicalmente più impegnato. Insomma lo straordinario successo della popstar nel nostro Paese è un dato di fatto inconfutabile, perché come dice Marianna Rizzini «...ovunque ti giri c'è il Mika che piace...» ("Il Foglio").

E allora qual è il segreto di Mika?

Proviamo a rispondere a questa domanda usando gli strumenti che dominano oggi la nostra quotidianità, ovvero i *media* e i *social*, in grado da soli – in base a meccanismi imperscrutabili – di determinare il successo planetario di personaggi totalmente anonimi fino al giorno prima. Focalizziamo perciò l'attenzione non tanto sul personaggio quanto su quella platea, reale e virtuale insieme, che costituisce il mondo del web e che tramite Facebook, Instagram, Twitter etc... di lui parla e soprattutto con lui parla.

Sottolineando però il fatto che non si tratta solo di fan in senso per così dire "tecnico", perché sono tantissimi coloro che pur non amandolo e seguendolo come musicista si sentono comunque sollecitati a interagire con lui comunicando impressioni e stati d'animo.

Sono stati quindi visionati, limitandoci al solo nostro Paese, decine di articoli di stampa e migliaia di commenti postati sui *social*, di cui quelli qui riportati – per ognuno dei quali viene indicato il *nickname* dell'autore – costituiscono perciò un piccolissimo ma significativo campione[1].

Lo sguardo su questa multiforme platea regala sorrisi, riflessioni e forse più di una risposta alla domanda:

---

[1] I commenti degli utenti sono stati riportati in forma integrale, lasciando inalterati espressioni gergali, eventuali errori di grammatica e di ortografia (salvo dove questi ultimi mettevano a rischio la comprensione).

2

I MEDIA

«Da che pianeta proviene Mika?»

Creativo, estroso, talentuoso, bello, intelligente, versatile, poliedrico, dinamico, ironico, affettuoso, gentile, spumeggiante, elegante, affascinante, disponibile, colto, carismatico, sensibile, travolgente, allegro, autentico, impegnato, educato, originale, simpatico, profondo, divertente, volitivo, raffinato, competente, comunicativo, umile, garbato, spontaneo, tenero, energetico, brillante, frizzante, empatico, sorprendente.

Sono tutti aggettivi usati dai mezzi di comunicazione per parlare di Mika che indubbiamente gode in Italia di buona, buonissima stampa.

È impressionante la quantità di articoli che gli sono stati dedicati in questi ultimi 3/4 anni tra recensioni ai suoi lavori e interviste, segno dell'interesse e della curiosità suscitati dalla popstar non solo presso il grande pubblico ma anche presso gli operatori della comunicazione.

Certamente la popolarità di Mika, sulle scene mondiali da almeno dieci anni, è esplosa da noi grazie alla sua partecipazione in qualità di giudice a tre edizioni del talent *X-Factor* e alla sua presenza, in qualità di ospite, di diverse trasmissioni televisive, dove ha avuto modo di parlare di sé e della sua vita, conquistando anche e forse soprattutto coloro che non lo conoscevano affatto come musicista, due per tutte: *Le Invasioni Barbariche* e *Che tempo che fa*, fino alla definitiva consacrazione come protagonista assoluto dello show *CasaMika*.

Ed è proprio la sua presenza a *X-Factor* in qualità di giudice che attira l'attenzione della stampa su di lui, da subito presentato come la vera rivelazione del *talent show* per l'intelligente ironia, la passione e la competenza con cui – sempre con assoluto garbo – esprime giudizi spesso pungenti («canti come un gatto drogato», ha detto una volta). Per tutti Maddalena Bonaccorsi su "Panorama":

> Mika è un campione di talento, sensibilità e gentilezza che in Italia ha messo d'accordo tutti: uomini, donne, nonni e bambini lo amano senza riserve dal primo momento in cui si è seduto dietro il banco dei giudici dell'edizione italiana di X-Factor.

Non c'è articolo che non sottolinei con stupore il suo italiano che, seppure imparato nel giro di qualche mese, gli consente di non sbagliare una *consecutio* e di sfoggiare espressioni ricercate come «arco emozionale» o «proiezione sulle potenzialità di un progetto», anche se qualche volta gli capita di incorrere in qualche divertente strafalcione che non fa che aumentare la simpatia del pubblico nei suoi confronti.

Affascina la stampa la sua dimensione internazionale e il suo *background* culturale, il suo essere un artista veramente poliedrico capace di mischiare il colto e il popolare, l'essere completamente a suo agio tanto in un *talent show* quanto in uno spettacolo sinfonico, insomma quel genio creativo che gli consente di essere oltre che un cantautore anche uno scrittore, un *designer* e un'icona di stile.

Scrive in proposito Enrico Maria Albamonte su "Magazine Pambianco news":

> La rete è andata in cortocircuito per Mika il pop singer anglo-libanese, figlio del multing post culturale di oggi, cresciuto a pane e musica, dalla lirica a Madonna...

E Giorgio Sechimenti su "Vogue uomo":

> Estroverso, versatile, Mika è un artista a 360 gradi: cantautore, performer, scrittore, illustratore e de-

signer... Non solo, è anche un'icona di stile per i suoi costumi raffinati e stravaganti, che mostrano un tocco di glam.

Ed infine Riccardo Bocca su "L'Espresso":

... per non parlare di mister Mika, che con il senso complessivo della sua eleganza e l'evidente incarnazione degli standard internazionali, ricorda a tutti il piacere dell'arte.

Ma quello che la stampa sembra apprezzare ancora di più è il suo essere una persona "vera" e mai "banale".

La sua assoluta "autenticità" viene per così dire certificata dalle tante testate giornalistiche che lo intervistano in merito al suo lavoro, la sua vita, la famiglia, le tante prese di posizione in materia di diritti civili e non solo.

Ebbene ogni volta viene messo in evidenza che Mika è proprio come si percepisce dallo schermo: gentile, educato, ma soprattutto spontaneo, diretto, senza sovrastrutture, disarmante perfino per la naturalezza con cui vive l'essere omosessuale.

Marina Speich sul settimanale "Grazia", per esempio, scrive:

> Tutti mi chiedono se, dal vivo, la popstar è effettivamente spontaneo, affettuoso, autentico come abbiamo imparato a conoscerlo nel talent show X-Factor, talmente diretto e sincero da apparire quasi fuori posto nel mondo dello spettacolo. Nessuna illusione: Mika è proprio così, travolgente e senza filtri.

Ed Edoardo Vigna sul "Corriere della Sera":

> Da quando il suo personaggio è esploso in Italia, come giudice di X-Factor edizione 2013, l'abbiamo scannerizzato, ascoltato, radiografato... Ma, prima di ogni altra cosa ci siamo resi

conto che tra tanti personaggi televisivi, lui in realtà è una persona. Vera.

Ed ancora Daniela Amenta che su "L'U-
nità" afferma:

> È gay, è brillante, è figo, è diverten-
> te. Ha successo, piace un casino. Se
> l'Italia aveva bisogno di una lezion-
> cina facile facile e efficace, l'ha otte-
> nuta. Mika rappresenta la normalità
> dell'essere omosessuale. Ribalta i
> fronti con una semplicità che disar-
> ma. We love Mika.

E poi profondo e mai scontato nelle sue risposte e nei concetti che espone, come mette in rilievo Rachele De Cata su "Tustyle": «Mika si prende tutto il tempo per spiegare ogni singolo concetto. In maniera profonda, intelligente, esaustiva».

Molti poi quelli che colgono, al di là di una presenza scenica colorata e a volte giocosa, una personalità complessa e raffinata.

Viene infatti sottolineato il contrasto tra l'immagine da fumetto *pop* (come è stato definito e per questo amatissimo anche dai bambini) e i testi dei suoi brani che molto spesso sono "dark", specchio dei lati oscuri propri di ogni essere umano.

In proposito così scrive Andrea Morandi su "Repubblica.it":

> ... la sensazione è che Mika, carisma assoluto nel guidare la folla, si divertirebbe anche se sotto il palco non ci fosse nessuno; bizzarra creatura fatta di cartone animato, fumetto *Disney* capace di non nascondere i propri lati oscuri, di unire, colto e popolare, talent show e orchestre sinfoniche [...] un entertainer intellettuale quindi.

E Gino Castaldo su "La Repubblica":

> ... Mika ha qualcosa di fanciullesco nell'espressione, un tocco fumettistico, giocoso e anche la disponibilità a stupirsi e quindi a voler stupire

il pubblico, ma allo stesso tempo è uno che studia, che non lascia nulla al caso, è determinato, volitivo, puntiglioso, attento [...] Ha gusto, invenzione, melodica, e soprattutto la ferma intenzione di intrattenere il pubblico con uno spettacolo completo, risultato di una vocazione che è anche teatrale secondo la lezione appresa da glam rock, da artisti come Elton John e Freddy Mercury.

Ed ancora Laura Ritagliati su "Onstage Magazine":

Un concerto di Mika funziona da antidepressivo naturale, dove l'accettazione di sé è il mantra della serata. Tra colori e scintillii, infatti, c'è anche spazio per riflettere su temi che riguardano le zone d'ombra che tormentano tutti noi, nessuno escluso. I suoi show sono delle vere sedute di gruppo, dove nessuno ha il timore di mettere in luce il proprio trascorso e le proprie insicurezze.

E Marianna Rizzini su "Il Foglio":

> ... e poi canta e balla canzoni colorate e di zucchero filato, ma anche malinconiche e crudeli e pur sempre edificanti (*Big girl, you are beatiful* ha consolato schiere di ragazzine in sovrappeso come mai ha potuto fare *La donna cannone* di Francesco De Gregori).

Insomma Mika piace molto, anzi moltissimo alla gran parte degli operatori della comunicazione che non mancano di interrogarsi sui motivi di tanta ammirazione come per esempio Nicoletta Moncalero ("Huffington Post") che individua i «Sette motivi per cui ci piace Mika», ovvero nell'ordine:

1) «È uno di noi»;
2) «Ama l'Italia»;
3) «Ama l'alta moda italiana»;
4) «Perché non si tira mai indietro»;
5) «Sa cucinare la pasta»;

6) «Perché ama la nostra arte»;
7) «Non si nasconde, anzi».

Ammirazione che spesso sconfina in vere e proprie dichiarazioni d'amore come quella di Elisabetta D'Ambrosi che su "Vanity Fair.it" dichiara:

> L'ho visto a X-Factor e me ne sono, come dire, mezza innamorata. Bello, di quella bellezza insieme giovane, tenera ma anche terribilmente seduttiva. Intelligente, anzi di più, brillante e insieme capace di gratificare sempre chi gli sta di fronte.

Ma la dichiarazione più appassionata è senz'altro quella di Selvaggia Lucarelli che su "Libero Quotidiano.it" confessa:

> Credo di essere in un grosso guaio: mi sono perdutamente innamorata di Mika [...] Riesce ad essere gay e maschio, senza aderire ad alcun cliché, ad alcun stereotipo del maschio

e del gay da manuali del luogo comune. Mika non sconfina mai nell'arroganza, nella protervia, nella boria di certi etero convinti di acquisire così il marchio di maschio dominante e neppure nella leziosità, eccentricità forzata, nell'ironia caustica di tanti gay catodici [...] Mika non è solo la star indiscussa di X-Factor. Mika è anche l'uomo con cui vorrei vedere X-Factor la sera sul divano beige, dopo aver messo a letto i nostri dodici bambini.

Per concludere, una bella sintesi può essere quanto scrive Paola Maria Farina su "Musica e TV 2.0":

... ho sempre paragonato Mika a un personaggio dei fumetti, nella sua essenza più bella, quello che suscita empatia, tenerezza, rispetto e simpatia. Iperattivo, viscerale, ingenuo e dolce, energico e commovente, un'anima complessa come quella che ci si immagina per un vero Artista. Viene da chiedersi, a questo punto: Da che pianeta proviene Mika?

3

I FAN E I SOCIAL

«Mika, ti prego, potresti diventare mio fratello?»

Nel mondo di Mika i fan hanno un ruolo fondamentale. Sono come «le Nazioni Unite dalla differenza» dice di loro, non solo perché sono bambini, giovani, anziani ma anche «arabi, musulmani, ebrei». Insomma sono presenti in tutti e 5 i continenti. In proposito sono particolarmente significative le esilaranti espressione di incredulità di Mika quando, durante i concerti a Seul o a Tokio, migliaia di fan in delirio cantano tutti, ma proprio tutti, i brani in scaletta dalla prima all'ultima strofa. E anche sui *social* i messaggi sono postati davvero in tutte le lingue del mondo.

Ma soprattutto sono generazionalmente trasversali:

Mia nonna è una tua fan ma anche a
me piaci molto.
(*lisbona.iannone*)

Io vengo il 26 a vedere il tuo spettacolo allo stadio delle palme anche se
ho solo 8 anni sono una tua fan.
(*Vivinuccio*)

Dolcissimo io sono una mamma cin-
quantenne ma mi hai fatto sognare.
Grazie Mika.
(*laura zamma*)

Ciao Mika ti adoro piaci anche alla
mia vecchia nonna.
(*Giulio Boldrin*)

mamma mia è stato bellissimo ma vedere mio figlio felice ancora più bello.
(*Piero Channel TV008*, dopo avere
assistito ad un suo concerto)

I fan hanno con lui un legame fortissimo,
costruito e consolidatosi nel corso degli anni
grazie ai *social* su cui la popstar è molto pre-
sente. Seguitissimo su Facebook, Twitter e

Instagram, la popstar conta milioni di *followers* con il nickname di *mikasound*; ad ogni *tweet*, ad ogni foto postata raccoglie in pochi minuti centinaia di post, migliaia di *like*.

Ci sono poi decine di siti e blog a lui dedicati come "Lollipop girl", "Noi abbiamo chosato Mika", "Mika italian fan", "Mika fan action", "Mika il nostro raggio di sole" etc... dove i fan pubblicano pressoché quotidianamente decine di foto, interviste, video, fino a configurarsi come una vera comunità che si organizza per seguirlo in tournée anche fuori dall'Italia, preparare coreografie durante i concerti e *flash mob* in occasione del compleanno.

Ma, come si accennava, è significativo che sui *social* siano presenti anche, e in tantissimi, coloro che pur non potendosi definire fan lo seguono con simpatia e ammirazione

Il fatto è che il giovane artista, un po' *dandy* 2.0 un po' *enfant terrible*, esercita il suo carisma al di là e nonostante, verrebbe da dire, la sua dimensione di popstar internazionale, suscitando interesse e attenzione con le sue interviste, le sue considerazioni, le sue prese di posizione, insomma comunicando con straordinaria ed empatica efficacia il mondo di valori di cui è portatore.

Ed è un mondo estremamente ricco e variegato, per il *mix* di culture diverse di cui è portatore per nascita e formazione e che ne fanno una perfetta icona dei nostri tempi, per le vicissitudini che ne hanno segnato l'adolescenza ma che ha saputo trasformare in punti di forza e opportunità per l'affermazione di sé, per la sensibilità e la curiosità con cui si approccia ai suoi simili. È chiaro quindi che anche il rapporto con i fan, e non solo, si riveli più ricco e profondo di quanto sia in genere il rapporto fan-star, nutrendosi di scambio e condivisioni su temi come la tutela dei diritti civili, la tolleranza, il razzismo l'omofobia, l'uguaglianza, il bullismo, le speranze giovanili...

Amore, affetto, stima, amicizia, ammirazione sono dunque i sentimenti dominanti tra i commenti postati sui *social* ,di fan ma non solo, e che spesso strappano più di un sorriso.

Mika Ti prego potresti diventare mio fratello?
(*eleonoradegan*)

Sei l'esempio vivente di rispetto e tolleranza. Mika sei una persona bellissima. Vorrei averti vicino di casa per prepararti le torte.
(*Beatrice Marescotti*)

Buon Natale stupendo. Oggi sul filetto abbiamo inciso il tuo nome, come una benedizione del pranzo di Natale.
(*diario di un ottimista occidentale*)

Non ho mai pensato di amare una persona così tanto... Per la sua stranezza, per la sua bellezza per la sua intelligenza per la sua preparazione... per la sua spontaneità... per il suo modo di essere... Grazie Mika per rendere ogni mio giorno migliore!
(*Jas_tvd*)

Sono una persona semplice, entra in scena Mika e io comincio a sorridere come una cretina
(*Annalisa*)

no ok seriamente: da che pianeta l'avete rubato o in quale laboratorio l'avete creato?
(*Sara Allasio*)

Mika non è un uomo, è un angelo
(*Tina*)

ma da dove è venuto fuori questo qui? Non è solo bello, elegante, affascinante, educato, un vero signore. Ma è una favola?
(*Chiara chiara*)

che bella persona...umile e luminosa...che lezione di vita...bello!!! grande Mika"
(*elena pinna*)

poi c'è Mika, che senza sforzarsi minimamente tira fuori perle di saggezza che ti fanno riflettere...
(*Giulia Zanetta*)

grazia tenerezza talento...è da poco
che lo seguo..mi ha conquistata ...mi
sta aiutando a superare un periodo
difficile grazie alla sua energia.
(*Lucia Fgani*)

L'unico artista straniero che viene in
Italia e parla l'italiano meglio di noi!!!
Che ragazzo colto, sensibile, educato.
Una rarità!
(*Serena Andreini*)

Una persona genuina, ironica, divertente nella vita come sul palco e la
sua musica riflette tutto questo!
(*Dire fare musicare*)

un uomo davvero dolce e intelligente,
nonchè talentuoso.
(*Dalilla Bellomo*)

Mika è come il tuo migliore amico,
è come tua mamma, come il tuo pe-
luche preferito da bambino, gli vuoi
bene a prescindere.
(*Masse78*)

Tu Mika sei una di quelle persone che

ci fa sentire l'arcobaleno nell'anima.
(*Chichica 95*)

Dallo sguardo di Mika si capisce subito la sua bontà d'animo, bello fuori, bravissimo dentro.
(*M. Teresa Ferrè*)

 Quante cose che puoi vedere in giro per il mondo ... vorrei poter fare lo stesso ... un giorno voglio essere come te, vorrei avere i tuoi stessi pensieri così profondi, i tuoi stessi sentimenti, il tuo stesso umorismo, la tua stessa simpatia, la tua stessa originalità – quanto è importante essere originali! – la tua stessa forza di volontà che non ti fa mai smettere di andare avanti... Sei il mio idolo, il mio mito.
(*jorgia*)

Grazie dio, o chiunque tu sia, per averci dato quest'uomo.
(*Tommos Force*)

E se per qualche giorno Mika non posta sui *social,* ecco che tra il suo "popolo" sale l'allarme:

> Ciao Mika cosa succede? Spero sia solo una pausa...ma per favore non ci far preoccupare, ormai fai parte della nostra vita come un figlio, nipote, fratello, amico...! Questo silenzio ci fa stare in ansia. Almeno un ok per farmi capire che va tutto bene, che sei solo molto impegnato.
> (*58 birba*)

4

A PROPOSITO DI BULLISMO

«...grazie Mika mi hai dato il coraggio di non farmi mettere i piedi in testa»

Quando viene pubblicato il video di *Hurts*, vero e proprio manifesto contro il bullismo – ispirato al film *Un bacio* di Ivan Cotroneo sul tema – si contano in pochi giorni più di 2 milioni di visualizzazioni e in poche ore più di 1000 post su Instagram.

Mika il bullismo lo ha conosciuto sulla sua pelle quando non era ancora adolescente e quello che viene più apprezzato è che, nonostante il successo, non abbia dimenticato – o meglio non voglia dimenticare – ma incoraggiare e dare speranza ai tanti ragazzi che soffrono per lo stesso motivo.

Lo dicono molto bene.

La tua prerogativa è sempre quella di sorprendere, piacevolmente. Anche in questo caso una canzone bellissima, un motivo che ti rimane nella testa e nello stesso tempo delle vere parole che hanno profondità e contatto con la realtà. È il tuo modo di dare una mano a tutte le persone che sapranno e vorranno capire e carpire questo aiuto. Mi commuove il tuo essere sempre attento a problemi così importanti, tu che potresti benissimo fare la tua, adesso, bella vita e invece ti sentiamo sempre vicino e partecipe. Probabilmente non sai quanto bene riesci a trasmettere a chi ne ha veramente bisogno perché il tuo aiuto non è dovuto, è qualcosa di inaspettato ma che trasmette molta forza.
(*Mikaxmente*)

Un video con un messaggio sincero, fatto da un artista trasparente e puro come te non poteva far altro che lanciare un bel messaggio contro il bullismo e l'omofobia.
(*elisabetta scalia*)

Questa è solo un'altra dimostrazione di quanto Mika sia speciale; non è un artista come gli altri e merita i miei migliori complimenti. È un grande.
(*Ali Visconti*)

...Ti ho visto veramente coinvolto in questo video, ci tenevi davvero tanto... perché in fondo anche tu hai vissuto certe esperienze sulla tua pelle. Ecco, la forza di un uomo consiste anche nella sua dolcezza e nella sua disponibilità ad aiutare gli altri. I veri artisti si riconoscono anche in questi gesti così umani...
(*Giulia Giuliani*)

...anche se tu adesso sei famoso non ti sei dimenticato di quello che hai passato e aiuti noi ragazzi ad affrontarlo con coraggio. Non ti potrò mai ringraziare tanto per questo.
(*Diario di un ottimista accidentale*)

Il valore educativo del messaggio viene colto e sottolineato da ragazzi e genitori:

Stupendo, l'hanno fatto vedere alla scuola media di mio figlio a tema di bullismo. Grazie!
(*Yanina Mustafina*)

Canzone e video pieni di significato, spero che Mika diventi un simbolo contro il bullismo e la discriminazione, è un modello positivo per i ragazzi, per una scuola più sicura e finalmente libera dal bullismo.
(*Digital Puglia*)

Non importa chi siamo e non importa nemmeno la razza e l'orientamento sessuale, l'importante è non permettere a nessuno di riempire di parole stupide il nostro muro, io voglio che sia bianco per sempre. Grazie!
(*Anna Perego*)

Un video stupendo grazie di tutto Mika... davvero... con questo video pur essendo una ragazza di 12 anni ho capito che non bisogna disprezzare gli altri e tu per me sei stato un grande esempio. Grazie.
(*la-juventina-accanita*)

L'ho fatta ascoltare alla mia classe... prof euforica e i miei compagni a bocca aperta.
(*Saraolivieri*)

Bellissimo video... solo tu potevi dare questo bellissimo messaggio ai nostri ragazzi... spero come mamma di due figli adolescenti, che il tuo messaggio venga davvero recepito da quei ragazzi che fanno del male ai loro coetanei con delle parole pungenti e pesanti.
(*Renda-ivana*)

Più l'ascolto e capisco che non c'è giusto o sbagliato. Quando insultiamo qualcuno non possiamo sapere come possa reagire quella persona; magari ferendola per scherzo o sul personale, offendendosi seriamente. Infatti dovremmo pensare prima di parlare, perché anche quelle semplici parole, che sembrano solo uno scherzo nelle nostre menti, possono essere un invito per atti che a volte arrivano al suicidio.
(*Francesca Tomazzi*)

Centinaia le testimonianze di coloro che riconoscendosi nelle parole del brano e nelle immagini del video ricordano con emozione analoghe esperienze vissute in età adolescenziale.

> Mika sei il migliore. Anche io avevo subito il bullismo alle elementari e medie, per fortuna tutto è finito. Nella vita bisogna sempre combattere ed avere molta stima di noi stessi. Mika ci vuol far sapere che noi dobbiamo essere noi stessi...
> (*Mattia Petruzzi*)

> Canzone magnifica!... Ho sofferto di bullismo per 2 anni e so cosa significa vivere situazioni difficili in una scuola che non riesce a comprenderti al 100% e nemmeno ci prova! Grazie ancora per la magnifica canzone Mika, sei fantastico!
> (*Miriam-Mikaforever-gracekelly*)

> Santo cielo Mika, è commovente... è come se tu fossi riuscito a raccontare la mia vita.
> (*Diariodiunottimistaaccidental*)

Sia la canzone che il video mi sono piaciuti molto, ma una delle cose che mi rimarranno più impresse è il messaggio; in alcune situazioni del video mi sono ritrovata e mi sono anche un po' commossa. È proprio vero che se trovi delle persone che ti stimano per quello che sei e che ti vogliono bene l'amicizia ti salva!
(*Lucybeatles*)

Mika... se solamente avessi scritto canzoni quando io ero alla scuola media, quando mi beccavo insulti e botte perché non ero come i miei compagni di classe, penso che avrei avuto il coraggio di reagire, di rispondere alle cattiverie che mi venivano ripetute ogni giorno e mi sarei evitata tanti problemi e attacchi di panico grazie a te! Sono contenta di quello che scrivi per i ragazzi che si trovano in questa situazione adesso... sicuramente le tue parole daranno loro la forza di reagire, che è l'unica maniera per provare a convivere con queste ferite che resteranno per sempre. Grazie.
(*mary-gd2005*)

Ma ciò che più colpisce sono sicuramente i post dei ragazzi che stanno ora evidentemente soffrendo per gli stessi motivi e che non nell'ambiente familiare o scolastico, come pure sarebbe auspicabile, bensì in una pop-star, sembrano trovare l'unico interlocutore affidabile cui confessare i propri disagi, l'unico in grado di dare loro forza e conforto in quanto esempio e modello di vita.

> Superfiera di essere tua fan... il video è meraviglioso e profondo. Pieno di significato; so che vuol dire essere insultati e criticati continuamente... mi hai resa più forte di prima; grazie Mika per tutto il significato della canzone e per te.
> (*Beadebari*)

> In questo video hai insegnato che non bisogna lasciarsi bloccare dalle offese e dal bullismo ma trovare la forza di sconfiggere tutta questa cattiveria e ritrovare la felicità di esprimere se stessi senza alcun timore. Mi hai emozionato davvero tanto e hai dato

vita un capolavoro quindi grazie per tutto quello che riesci a trasmettermi.
(*federica-zarattini*)

Caro idolo sono davvero felice che tu abbia fatto un video così, è servito molto a tutti noi fan a farci capire che se abbiamo bisogno di qualcuno nei momenti difficili come tutte le prese in giro a scuola, che molti non considerano come dolore ma soli chi ci è passato lo sa, possiamo contare su di te. Grazie di tutto Mika.
(*C-.lucrezia*)

...grazie Mika mi hai dato il coraggio di non farmi mettere i piedi in testa.
(*Gabryblack*)

Grande Mika! So che il mio commento è come tutti gli altri, però ci tenevo a dirti un grande grazie! A me tutti mi odiano, mi mettono da parte, ma grazie a questo video ho capito che la cosa migliore da fare è reagire! Mai sottomettersi alle prese in giro!!!
(*It's slarty Time!*)

Sapere che c'è qualcuno che anche se non mi conosce sa cosa provo mi consola... grazie di tutto...
(*raffalombardi98*)

5

CONTRO L'OMOFOBIA

«...è gay e allora? Mica è un marziano!»

È l'agosto del 2015 quando su alcuni manifesti affissi a Firenze che pubblicizzano un suo concerto appare una scritta omofoba. Mika dopo aver deciso in un primo momento di ignorare l'accaduto, spinto dai fan e dagli amici, si convince a reagire: posta le foto di quei manifesti sul suo profilo Instagram e su Twitter con l'*hastag* «rompiamo il silenzio»; Mika scrive una lettera al "Corriere della Sera" nella quale dice tra l'altro « È una delle poche volte nella vita in cui ho scelto il confronto diretto su omofobia e bullismo. Non lo faccio per la mia faccia imbrattata ma perché oggi io ho il privilegio di essere ascoltato...». E ancora: «Rifiutando di riconoscere gli insulti, avrei commesso un errore: avrei dimenticato il tredicenne che sono stato e avrei fatto male a quelle persone che non hanno quel lusso e quel privilegio».

In meno di 24 ore i *followers* aumentano di circa 3000 unità, in poche ore vengono postati solo su Instagram più di 5000 commenti.

Tanti si segnalano per la simpatica rudezza con cui i fan più irruenti reagiscono in difesa della popstar.

> Okay devo trovarlo chi l'ha scritto e ucciderlo.
> (*Compisonu*)

> Sarà meglio per chi l'ha scritto ritirarsi in Alaska o in Papuasia prima che lo trovi.
> (*valeriagullo11*)

> Sono eterosessuale... ma chi insulta gli omosessuali, in particolar modo Mika, passa prima non sul mio cadavere ma sotto le mie armi da fuoco.
> (*stefano-rinaldi*)

Magari al mondo fossero tutti "froci"
anziché stronzi!!!
(*patrizia-trp*)

Bastardi proprio... e poi che ve fre-
ga... è gay e allora? Mica è un marziano.
(*awk-tumblrh*)

Altri, sicuramente la maggior parte, più
meditati e articolati, esprimono soprattutto
sentimenti di stima, vicinanza, ammirazione
per il coraggio dimostrato nel prendere apertamente posizione su una tematica per lui
così delicata e motivo in passato di disagio
e di sofferenza.

È confortante pensare che in migliaia
questi ragazzi esprimano il loro sdegno di
fronte all'accaduto, che si scandalizzino del
fatto che l'omosessualità possa essere fonte
di discriminazione e pregiudizio. Sono insomma la parte migliore della nostra società,
e perciò dopo le tenere «Io ti sposerei comunque» (*tosca-giuliani*) e: «Non ascoltarli
neanche, anche se pagherei oro perché tu

fossi etero... già ho una cotta per te» (*slee-pinthegarden8MA*), a loro la parola senza bisogno di commenti.

> Quando la gente ignorante non sa dove attaccarsi per insultare una persona fantastica e perfetta come lo sei tu ecco qual'è il risultato! Sii fiero di te stesso come lo siamo tutti noi che ti sosteniamo.
> (*Rinevacereci*)

> Hey ciao Mika volevo solamente dire che come hanno detto gli altri, questi vandali che hanno scritto tutto questo sono in realtà dei poveretti senza cuore che non capiscono o ignorano l'amore, che si può manifestare in tanti modi: per loro amore vuole soltanto dire baci e figli, ti prego non dare retta a questi insulti! Ti conosciamo e sappiamo bene quello che hai provato e che forse provi ancora; ma sappiamo anche che sei una persona molto forte e ti stimo per tutto questo. Ciao.
> (*break.dovce*)

questo fa capire quanto le persone sono intelligenti; io vengo presa in giro ma per altri motivi. Appezzo molto il modo in cui tu affronti questa situazione. Sei un esempio. Mi aiuti molto.
(*martinapertici*)

sei un modello da seguire!! Non tutti avrebbero avuto il coraggio e la forza di fare tutto questo. Li hai ammutoliti tutti!!
(*carlottabartoli*)

ognuno è libero di essere chi è veramente e la vera ingiustizia è che qualcuno non possa esprimersi per chi è veramente e che non possa ascoltare il suo cuore. Tu per noi sei un esempio di forza e di grinta... chiunque l'abbia scritto invece è un esempio di stupidità ed infantilità; che tu sia gay o etero noi ti seguiremo comunque perché amiamo chi sei veramente.
(*thatsorisweet*)

Reazione da premio Nobel. Sei un mito. (*emma.penciroli*)

dopo questo post... devo dire che sei davvero speciale. Stima totale.
(*elena.lomba*)

Non acoltarli; tu sei molto molto molto e dico molto meglio, è vero... se nel mondo fossimo tutti come te, Mika, sarebbe un mondo stupendo.
(*disaster.shut*)

Lì dove l'ignoranza parla (in questo caso scrive), l'intelligenza risponde con un sorriso. Quando si dice humor inglese...great.
(*la-ciava*)

Si rendono conto che sei una persona speciale, in tutti i sensi, di grosso talento, creativo, una bella persona, degna di stima, sono queste le caratteristiche che ti rendono speciale... il tuo orientamento è una scelta personale e se democrazia significa libertà personale, se significa libertà di espressione, significa che puoi essere chi vuoi ed esserlo alla luce del giorno.
(*varale.emme*)

Io ho 12 anni e mi rendo conto di quanto stupidi sono a prenderti in giro solo per i tuoi gusti sessuali, hai più talento tu in una corda vocale che tutti loro messi insieme!
(*margherita.swashdaponto*)

io ti amo... lasciali stare e guarda avanti... ti cade la corona se ti abbassi a guardarli.
(*federica.acarli*)

Mika, sei una delle persone più coraggiose su questa Terra. Tu hai regalato speranza e emozioni a migliaia di persone. Hai creato un mondo che è un rifugio per molti di noi, sei una persona eccezionale e meriti il meglio dalla vita: Grazie infinite per essere come sei e per averci insegnato cosa sia il vero coraggio.
(*ottimista-accidentale*)

Sta foto tutte le volte che la guardo è una pugnalata al cuore...
(*the.freedom.i.fight*)

Non posso guardare questa foto molto a lungo, perchè veramente mi si riempiono gli occhi di lacrime. Mika sei un ragazzo d'oro. Non ascoltare questi idioti che non si meritano questo mondo. Gli omofobi sono essere vergognosi. Basta. Non ho parole. Mika tu sei perfetto come sei. (evucchiola03)

E concludiamo con due mamme:

Mika, io non credo che tu leggerai il mio commento. Comunque sento il bisogno di dirti grazie per quello che sei e che hai sofferto. Dio, il destino, l'Universo ha deciso così per te. Sei un esempio per tutti noi. Mia figlia è dislessica e anche grazie a te ha accettato la sua condizione. Quindi grazie per non aver paura di essere. Tu stai dando tanto al mondo. I poveri d'amore coprono i tuoi occhi perché tu fai parte della punta che rompe il sistema, un po' si scalfisce. Te ne siamo tutti grati, tutti, anche chi non è consapevole delle proprie azioni, perché anche loro in fondo vogliono

un mondo migliore. Non ti conosco ma sei una delle persone cui voglio più bene.
(*elda-libertazzi*)

Mika tesoro mio l'omofobia purtroppo è una cosa orrenda...non capisco come si possa essere cattivi in questo modo...una forma di razzismo bestiale! Ancora c'è gente al mondo che non sa amare e non capisce l'amore! Gay omosessuale ahhh no che brutte parole...non mi piacciono, sono tutti e dico tutti uguali su questa terra a prescindere dalla razza, dalla religione o dall'orientamento sessuale...quanta ignoranza che c'è su questa terra specie in Italia, dove riguardo a queste cose siamo proprio indietro...Mika Dio ti adora così come sei...così come siamo!!!Ti auguro una vita felice con il tuo amore Andy. TVB (Una mamma).
(*annalisapavia*)

6

MIKA E IL SOCIALE

«se continui così mi sa che toglieranno una
persona dal paradiso per mettere te
se non c'è posto»

Poco prima del Natale 2015 Mika, nel suo ruolo di *High profile supporter* di UNHCR (Agenzia ONU per i rifugiati), visita in Libano, la sua terra, i campi dove si ammassano più di un milione di profughi siriani, con l'obiettivo di raccontare – essendo stato anche lui un profugo seppure più fortunato – alcune delle loro storie attraverso due videoreportage molto coinvolgenti pubblicati sul sito del "Corriere della Sera".

Anche questo è un tema che suscita interesse e apprezzamento:

Stai prestando voce a chi voce non ne ha. Ti ringrazio perché mi stai aprendo gli occhi su una realtà che, per mia superficialità, conoscevo poco e male. Le tue testimonianze sono importanti, sono dei veri e propri messaggi di pace, uguaglianza e libertà. Chiediamoci tutti cosa avremmo scelto al posto di Semir, come ci sentiremmo a lasaciare tutto ciò che abbiamo per andare ad abitare in una tenda senza bagno, o come sarebbe lavorare in una piantagione di banane come Mustafà in un paese che ci guarda con sospetto. E chiediamoci cosa ognuno di noi, nel suo piccolo e comodo mondo può fare. Perchè lì potremmo esseri noi.
(*ilovebook88*)

Capisci perché ti amiamo così tanto? Tu mi fai credere che c'è ancora una speranza per questo mondo che va sempre più rovinandosi...E' grazie alle persone come te che questi bambini sono una speranza; ti voglio tutto il bene del mondo.
(*19taty84*)

Mika tutto ciò che fai è importante per me...anche perché ho molti parenti in Libano e conosco le condizioni di quel Paese. Regali un pezzo di te a quei bambini, in qualche modo, anche se solo di poco, cambierai le loro vite.
(*yami-no-alice*)

Sono fiera di essere tua fan! Grazie per mostrarci tutto questo. Spero che possa aprire le menti degli ottusi. Sei dorato Mika ti meriti tutto il bene di questo mondo.
(Saldalinda)

Sei un esempio in questo mondo di qualunquisti.
(*lucia-penniman*)

Nel 2014, in occasione della giornata mondiale contro l'Aids, Mika dedica un ampio documentato e appassionato articolo, apparso sul "Corriere della sera", alla malattia che ancora oggi secondo l'Oms costituisce la sesta causa di morte al mondo. L'articolo suscitò molti consensi e anche in quell'occasione numerosissimi furono i commenti postati sui social.

> Un grande uomo si riconosce anche da queste cose, una persona speciale che non ha paura di mettersi in prima persona per affrontare argomenti come aids e bullismo. Mika sei grande...
> (*lioelly70*)

> Articolo fantastico, bravo Mika anche se purtroppo ci fa rendere conto in che razza di paese viviamo.
> (*francescalombardi19*)

> Bravo Mika! Ci vuole informazione e coraggio! Abbiamo tutti bisogno di essere più consapevoli.
> (*lxlover*)

> ...è davvero importante per tutti noi che tu sia un'artista a 360 gradi!... impegnato anche nel sociale. thanks.
> (*bubbllle-of-champagne*)

Un articolo incredibile, davvero, me
lo appendo sulla porta.
(*myfavourtebeat*)

Questo articolo mi ha ricordato di
quando ho iniziato le superiori 15
anni fa, la gara era non usare il pre-
servativo perché faceva più figo; la
paura era solo quella di rimanere
incinta perché c'era poca informa-
zione, sembrava solo quella la cosa
da prevenire...grazie per questo articolo, spero tu sia riuscito ad aprire
gli occhi a molti giovani visto che in
tanti ti seguono.
(*soldalinda*)

la tua è un'anima che si espande...e
noi ne facciamo parte.
(*annavasero*)

All'inizio del 2016, sulla facciata del Pirellone, il grattacielo di Milano sede della
Regione Lombardia, appare la scritta luminosa *Family day,* a sostegno della analoga
manifestazione organizzata contro la legge

sulle unioni civili, in quei giorni all'esame del Parlamento.

Mika prende posizione, lancia sui *social* un messaggio alternativo: grazie a un fotomontaggio fa apparire sul Pirellone la frase «Amore=Famiglia» e commenta: «Dovunque c'è amore, c'è famiglia. Dall'intolleranza invece nasce solo odio».

Si scatena in suo favore la rivolta sul web. In poche ore vengono postatati sui *social* più di 2000 commenti di appoggio e condivisione e più di 8.000 like.

> l'amore sei tu e tutto quello che fai,
> e quando deciderai di adottare un
> bimbo sarò la persona più felice del
> mondo.
> (*mariapiermattei*)

> grande Mika! Ci servono più voci
> come la tua.
> (*marianvelg*)

> Come sempre una risposta piena di
> intelligenza e di cuore, le armi per

vincere tutte le battaglie contro la cattiveria e l'ignoranza più gretta! Grazie.
(*mikaxniente*)

te fai parte della mia famiglia.
(*youtube...my.life*)

"Sono davvero contenta che tu abbia fatto questa cosa, in questo momento c'è bisogno che le persone se ne rendano conto e che imparino a superare le diversità. Grande Mika hai tutta la mia stima (anche se eri già uno dei miei preferiti).
(*giulialimbardi*)

bravo Mika, sono fiera di te come sempre! Ancora una volta dimostri di sostenere con intelligenza e coraggio i tuoi diritti e quelli di tanti altri! ...
(*chiaincartoonmotion*)

E' vero Mika continua a combattere per quello in cui credi perché è giusto e in più noi ti sosterremo sempre.
(*laura.marascia*)

Vai Mika continua così è amore quello pure tra uomo e un altro uomo o
donna e un'altra donna.
(*sissy-love*)

7

MIKA E DARIO FO

*«Due geni seduti allo stesso tavolo.
Che momento meraviglioso»*

Non si può non ricordare il rapporto speciale che legava Mika a Dario Fo, rapporto nato con l'incontro dei due alle *Invasioni Barbariche* di Daria Bignardi nel 2014. In quell'occasione addirittura accennarono insieme *Origin of love* e *Ho visto un re!*

Francamente non saprei se sia più singolare il fatto che Fo si dichiarasse un ammiratore di Mika o che Mika confessasse di ritenere Fo il suo *eroe* quale simbolo assoluto di libertà, avendone studiato giovanissimo la produzione drammaturgica!

D'altra parte quest'ultima circostanza appare forse meno singolare di quel che sembra se si considera che la giovane popstar mostra di avere quantomeno una buona conoscenza della nostra cultura, citando per esempio Cesare Pavese piuttosto che il futurismo italiano, spaziando dalla filmografia di De Sica e Fellini a quella di Bertolucci, visitando tra un concerto e l'altro gli affreschi di Giotto della basilica di Assisi piuttosto che S. Maria Novella a Firenze, e disquisendo in maniera approfondita della Milano Leonardesca e della Commedia dell'Arte nella Napoli del '600!

Quando il premio Nobel è scomparso, nello scorso ottobre, avevano iniziato a collaborare per uno spettacolo che stavano progettando di tenere insieme.

I commenti riportati segnalano l'insolito incontro sottolineandone lo spessore umano e culturale.

> meravigliosi e ... mi sono commossa
> e ho riso contemporaneamente quando Mika ha detto "T'è vist cus'èè?"
> incroci di mondi.
> (*Laura Cislaghi Mota*)

Bella intesa fra grandi persone di spettacolo!!! Spettacolari.
(*Cristina Bertuzzi*)

mitici grazie Dario unico e vero. Mika diventerai anche tu un mito lo meriti super simpatico.
(*Biagio Borrelli*)

Due giullari di corte: uno mitico e maestro di spettacolo, l'altro elegantissimo nei modi ed ammaliatore.
(*Laura Foschi*)

Una coppia improbabile e fantastica. Momento raro di grande televisione.
(*Carolina Lenni*)

Daria Bignardi ha indovinato un incontro molto speciale. Un effetto stupendo, un'ondata di cultura profonda e genuina. Grazie! Bellissimi!!!
(*Cinzia Barillaro*)

Mika lo guarda ammirato, è bello che un giovane conosca e studi la vera arte, visto che ormai sono rari artisti del genere. (*Claudio de Lazzari*)

Due geni seduti allo stesso tavolo.
Che momento meraviglioso.
(*Fede Faith*)

Intervista meravigliosa. Mika genuinamente emozionato ... un incontro
tra mondi così lontani ma con molteplici punti di incontro.
(*Vassoundesigu*)

Mamma mia le lacrime ... praticamente le due persone più belle e genuine unite insieme, wow.
(*Thelson Meg*)

Adoro Dario Fo e stimo molto il rispetto e l'interesse che Mika dimostra
nei suoi confronti.
(*Roberta*)

Magnifico incontro di umanità e di
intelligenze all'insegna della musica
e dell'arte. Grazie.
(*Carmelo Bonifacio Malandrino*)

Mika e' una persona umile, un vero
artista e un grande uomo...e lo si ca-

pisce da quanto è emozionato nell'incontrare Dario Fo!
(*Mirco Corsico*)

8

DICHIARAZIONI D'AMORE

«...Quando sorride fa perdere un battito»

È singolare, ma forse poi non così tanto, che nonostante Mika abbia ormai da tempo dichiarato i suoi orientamenti sessuali e parli apertamente del compagno che gli è accanto da diversi anni, sia oggetto delle più disparate e appassionate dichiarazioni d'amore da parte del pubblico femminile.

Particolare ammirazione destano i suoi riccioli, che qualcuno vorrebbe fossero riconosciuti patrimonio dell'umanità, gli occhi e il sorriso.

Per la serie "assolutamente imperdibili":

La cosa bella del parlare con i suoi occhi è che non ci sono errori gram-

maticali, i suoi sguardi sono frasi perfette.
(*anita@ mi kasbravery*)

se non mi trovate più mi sono persa in questi occhi bellissimi. Quando sorride fa perdere un battito.
(*lollipop*)

Caro Michael, questi sguardi illegali causano molte morti premature.... E quel sorriso che ti migliora la giornata.
(Mikette HP)

E' sempre così, ogni volta che lo vedo sorridere il mio cuore impazzisce.
(Teresita Barco)

Hai un sorriso che ammazza.
(*Golden gul*)

il tuo sorriso distrugge.
(*instant martyr*)

Il sorriso di Mika è un bene di conforto.
(*Anna Lupini*)

Ogni volta che Mika sorride da qualche parte nel mondo nasce un arcobaleno.
(*Merida*)

L'unica volta che non ti penso è quando dormo perché in quel momento ti sogno.
(*antony_albe_vi_amo_*)

Stella del mio cuore, origine del mio amore, yng del mio yang, acqua del deserto ma soprattutto amore della mia vita ti auguro una felicità infinita.
(*Kam_1556_mika*)

Mika dove sei? In che parte del mondo non importa... se vuoi ti posso correre dietro anche scalza.
(*giorgia 5857*)

Ma c'è anche chi, senza rancore, ha un pensiero pure per Andy, lo storico compagno:

puoi fare gli auguri a Andy da parte di noi fan per favore? (*sara_murre or*)

Andy, grazie di fare felice Mika e di renderlo così speciale ogni giorno!
(*Trustnovirgi*)

C'è da dire che quando l'artista nominò in un *tweet* per la prima volta il nome di Andy, i fan, manco a dirlo, fecero diventare il nome di Andy *trend topic* italiano e tra i *tweet* più significativi si segnalano:

Comunque, è stato un grande passo avanti il fatto di nominare Andy. Vuol dire che Mika ha fiducia in noi e ci considera sul serio suoi amici.
(*@Underwatero*)

sei dolcissimo quando ne parli pubblicamente, veramente non dovete aver paura.
(*A(n)sia*)

e ce l'abbiamo fatta a scrivere questo nome! Che bello Mika! Auguri a entrambi! Soprattutto a lui che ... ti sopporta.
(*Lorly*)

che tenero che è. Hai trovato una persona fantastica davvero.
(*Ella*)

... non mi scorderò mai la mia faccia quando ho visto la parola "Andy" in questo tweet.
(*Create Yourself*)

Questo tweet è segno di libertà, il fatto che tu abbia scritto il suo nome così mi riempie il cuore di gioia.
(*G)*

9

MIKA E LA TV

«Un fenomeno extraterrestre»

La sua popolarità presso il pubblico italiano viene definitivamente consacrata dalle due edizioni (2016/2017), dello show *Casa-Mika*, in onda su Rai2, e di cui la star è coautore e assoluto protagonista come musicista e conduttore.

Più di 3 milioni e 300mila spettatori seguono la prima puntata della prima edizione. Un vero e proprio record per la seconda rete. Anche in questa circostanza la stampa è dalla sua, riconoscendolo come un vero animale da palcoscenico, incredibile *showman* televisivo, in grado di fare qualunque cosa con eleganza e originalità.

Così Rosaria Corona su "Il Secolo XIX":

... Un fuoriclasse che ha saputo intrattenere il pubblico con la sua straordinaria voce, ma anche con quell'eleganza e originalità che ultimamente di rado si vedono nelle reti generaliste....

Simona Voglino su "Il Foglio":

Il padrone di casa è eclettico, capace, opportuno [...] Non importa cosa faccia, a poco dall'inizio dello show è chiaro che Mika è in grado di fare qualsiasi cosa. Dal ballo al canto, fino al monologo, lo spilungone di Beirut incanta col suo eclettismo ponderato.

Mario Manca su "Vanity Fair.it":

La casa di Mika è come una fabbrica di cioccolato. Un mondo fatato e di pan di zucchero dove il cantante si muove con sicurezza, consegnando la

bellezza dietro a un sorriso ed il garbo
dei signori di un tempo lontano.

Davide Turrini su "FQ Magazine":

Mika è tornato. Ed è una meraviglia.
Unico vero, autentico, solare, totale
showman televisivo... Il potenziale
di Mika di intrattenere con gusto e
semplicità, facendo correre a mille
la fantasia, è infinito.

Per finire con Antonio Dipollina che
su "Repubblica.it" chiede «10, 100, 1000
Mika-mondi».

Ma è soprattutto sui *social* come sempre
che arrivano le adesioni più numerose ed
entusiastiche. Su *Twitter* per esempio si
contano durante e nei giorni seguenti alla
trasmissione più di 80mila "cinguettii", l'*ha-
shtag* ufficiale #CasaMika è stato al primo
posto nella classifica italiana dei *Trend Topic*
di Twitter e in vetta nella classifica mondiale

dei TT per l'intera durata della prima puntata della trasmissione.

Indubbiamente lo *show*, trasmesso sulla seconda rete della tv pubblica, lo avvicina ad una fascia di pubblico che ancora non lo conosce, che non frequenta i suoi concerti e non guarda i *talent* e in cui tanti sono i giovanissimi, gli anziani, le famiglie insomma. Quindi mentre per la moltitudine dei suoi fan è una conferma per tutti gli altri si rivela una piacevole scoperta.

> Mika regala energia positiva. E' una di quelle rare persone capaci di stravolgerti l'umore. Dal vivo il suo carisma è davvero impressionante, ma anche attraverso lo schermo riesce ad entrare in empatia con il pubblico come pochi sono in grado oggi. Con CasaMika lo ha dimostrato.
> (*Lollipop Girl*)

> ... questa sera tutta la famiglia riunita davanti al tuo strabiliante show, nonno compreso (ed è un evento!!!).
> (*ely elym14*)

Fino ad oggi in nessun varietà televisivo si era parlato della depressione...
Ti sono grata per aver toccato questo problema. Sei un artista speciale. Di rara sensibilità. Talento e simpatia.
La tua casa mi ha fatto emozionare e ridere.
(*paolina-ceccarelli*)

...uno spettacolo che ha incantato come una bimba me che sono una nonna! La tua delicatezza e la tua raffinatezza sono incomparabili..."
(*silvy-vel*)

Allora... cantante, conduttore, intervistatore (a Sting!!!), artista completo, anima pulita sincera...magari ce ne fossero altri come te!!! E soprattutto capace di dare un po' di sollievo alle anime ferite.
(*danabudescu*)

sei stato fantastico ieri sera. Ti guardavo con il mio cucciolo di 4 mesi in braccio e abbiamo adorato la tua gentilezza ed educazione. Durante tutto

il programma hai toccato argomenti
anche delicati da una prospettiva che
nessuno aveva mai usato prima. Continua così.
(*annapiccolomini*)

Super show. E soprattutto ti vorrei
come figlio caro Mika.
(*monic.rosa*)

grazie x tutto...sei un grande...setti-
mana scorsa mio figlio (11 anni) ti ha
scoperto! Chiedendomi un sacco di
cose su di te...io quello che sapevo gli
ho detto...lui ha un po' di problemi
a scuola come li avevi tu e quando
gliel'ho raccontato gli si sono illumi-
nati gli occhi!! Gli si è acceso un lume
di speranza!!! non tutto è perduto!!
Continua sempre così a far sperare...
ancora grazie.
(*giacometti.monica*)

Finalmente un motivo per cui vale
la pena guardare la televisione: programma divertente e leggero, condot-
to da un artista solare, intelligente,
sensibile e di un'umanità disarmante.

Grazie per la bella serata, ce ne fossero di più di uomini artisti come Mika. (*ro-sa66*)

Che emozione vedere mio figlio di 7 anni che ti guardava in televisione in modo così assorto e incuriosito! Sarei così orgogliosa se tu fossi un suo punto di riferimento! Credo che se tutti i bambini del mondo avessero te come esempio il mondo sarebbe più magico e pieno d'amore...sicuramente un posto migliore! Sono felice di averti potuto incontrare nella mia vita. (*danybigo*)

...Non capisco nulla delle tue canzoni, ho 54 anni, non sono abituata come i giovani di oggi. Eppure mi incanti... delle stesso incanto di quando ero giovane. Non ho bisogno di google traduttore, le tue spiegazioni prima del brano mi trasmettono ciò che vuoi dire... (*anna-rita 63*)

grazie! Per avere portato la musica, il divertimento ed il varietà dentro una TV che non emozionava da anni.

Grazie soprattutto di avere portato in scena le diversità di chi si rifugia nella musica anziché nella malavita, di chi è su una carrozzina, di chi ha un handicap quale la sindrome di Down, di chi non ha voce ma ha mani per danzare un linguaggio non verbale. Grazie per aver portato argomenti così delicati come l'omosessualità, in un mondo non ancora pronto a non giudicarla un male o un crimine. Se siamo qui ancora a parlare di cose che dovrebbero essere normali è perché c'è ancora da fare. E farlo come lo hai fatto tu con il sorriso sulle labbra è il modo migliore possibile. Sono molto dispiaciuta di non conoscerti personalmente ma hai tutta la mia stima.
(*ra molsusolsnd*)

Sei bravissimo, mio figlio ha 12 anni ed è rimasto incollato alla tv per tutte le puntate...un nuovo piccolo fan...sei stato strabiliante, hai spiegato anche ai più piccoli come va il mondo.
(annalisav.sicilia)

Ci voleva Mika a giustificare il canone
RAI.
(*ISA@Meeks 4 president*)

E arriva una di quelle sere in cui si
è contenti di pagare il canone RAI.
Incredibile Mika!
(*Massimo Alessi@madasofish77*)

Ci voleva uno straniero per celebrare
il nostro paese, la nostra cultura e la
nostra televisione. Bravo Mika, nu-
mero uno assoluto.
(*Francesco Facchinetti@frafacchi-
netti*)

CasaMika la manderete in tutto il
mondo sottotitolato, vero? Mika sta
dimostrando la parte migliore dell'I-
talia e non è nemmeno italiano.
(*As@-AsSeren*)

In pratica Mika in CasaMika con-
duce, recita, balla, traduce, canta in
napoletano, circumnaviga il globo, va
sulla luna, torna.
(*contechristino @contechristino*)

Non esiste un artista che trasmetta tanta felicità di vivere e tanta empatia affettuosa come Mika. Un fenomeno extraterrestre.
(*Andrea Vianello*)

Al termine della seconda edizione un Mika emozionatissimo, ma pronto per nuove avventure umane e professionali, saluta il pubblico italiano.

Un vero e proprio diluvio di ringraziamenti, addii, lacrime e nostalgia si riversa allora sui social.

Grazie per averci aperto il tuo cuore, il tuo mondo "intimo" con una tale generosità che nessun altro artista ha mai fatto... E nei frammenti di questo cuore-mondo ognuno di noi si è ritrovato, riconosciuto. Per questo prendiamo questo cuore e lo proteggiamo, perché questo cuore è ormai nostro come i nostri sono tuoi!...Non mancare troppo dall'Italia!
(*soniapolisena*)

Per te il viaggio, il cambiamento
sono condizioni normali. Per molti
di noi forse un po' meno. Per questo
salutarti adesso ci riempie di malin-
conia...
(*francesca.guana*)

Semplicemente grazie, tu più di molti
italiani hai capito davvero il valore
e la vera ricchezza di questo Paese!
(*another-world.mika*)

Grazie mille a te, Mika, per averci
trasportato anche quest'anno in un
mondo di sogno, fatto di musica, colori, fantasia, divertimento...ma anche emozioni, sentimenti, riflessioni,
paure. Di tutto quello di cui è piena
la vita! Grazie davvero perché vado a
dormire con gli occhi umidi e il cuore
pieno. (*micetta 590*)

Grazie a te ho imparato che "casa"
non è un luogo ma un sentimento".
(*giuliettaregazz*)

E' stato un piacere e una gioia seguir-
ti. Fai pure tutti i viaggi che vuoi ma

ricorda "sto Paese aspetta a te"...non ci mettere troppo a tornare!
(*Carlotta.perrotti*)

Perchè mi stai abbandonando? Mi hai fatto piangere tutta la sera. Torna subito.
(*scala-gloria*)

...Mika io vengo e ti passo l'aspirapolvere per sempre.
(monic.rosa)

Stronzo mi stai facendo piangere, mi mancherai un casino cazzo.
(*giuliapastorelli*)

...sei stato una bella scoperta, una bella sorpresa. Ci manchi già tanto. Torna presto.
(*alessia.carpinteri*)

Grazie a te per tutte le emozioni che ci fai provare. Ieri sera avevo lo stomaco stretto in una morsa...Proprio come dopo un pugno! Ti voglio bene. Torna!
(*momelosegno*)

Grazie, per tutto quello che ci hai
dato, e per un programma finalmente
con messaggi positivi per i ragazzi,
per le passioni sane, come può essere
la musica, e soprattutto per il fatto
che tutti si devono sentire esseri unici
e speciali, non omologati alle mode,
ma devono esprimersi per come
sono! ..grazie per avercelo fatto capire con la tua profonda sensibilità..
(*ornella 6614*)

E proprio *CasaMika* nel settembre 2017,
battendo altre importanti produzioni euro-
pee, si aggiudica – quale miglior programma
d'intrattenimento del 2016 – la prestigiosa
"Rose d'Or Awards", Festival internazionale
della televisione giunto alla 56° edizione. Il
programma di Mika riporta nel nostro Paese,
dopo oltre 30 anni, un così ambito ricono-
scimento.

La gioia della popstar nel ricevere il premio a Berlino è ovviamente anche quella dei
suoi fedelissimi fan italiani che, orgogliosi
del loro idolo, in migliaia gli inviano messaggi di rallegramenti e congratulazioni.

Io sto ancora festeggiando! Ho scritto che abbiamo aspettato 30 anni per questo premio, abbiamo aspettato che tu crescessi per portarci a Berlino.
(*Maddalenadiaris*)

Come ho già detto: Re Mika= Re Mida! Tutto ciò che tocca diventa oro.
(*rossifrida*)

Un premio strameritato! Ha vinto l'impegno, la capacità di dare luce nuova al varietà italiano colorandolo con la tua magia e il tuo entusiasmo.
(*foffofossati*)

Serviva uno straniero con un grande cuore e una grande mente per riportare questo premio in Italia.
(*-ali—mika*)

Complimenti davvero, Mika, un grande cuore che canta, e sa fare veramente di tutto!!! sei fantastico veramente!
(*lioelly70*)

Congratulazioni Mika, ti vogliamo tutti bene. Sono felice che sia stata l'Italia a darti questa soddisfazione. (*marypink70*)

Così orgogliosa di te , ragazzo. Ti meriti tutto quello che stai vivendo, e sopra ogni cosa l'amore della gente... Un abbraccio forte dall'Italia. (*animula62*)

Tra un'edizione e l'altra del suo programma Mika si esibisce anche sul palcoscenico di *Sanremo* 2017, dove esattamente dieci anni prima aveva presentato per la prima volta al pubblico italiano il pezzo che in quel momento lo stava lanciando in tutto il mondo, ovvero *Grace Kelly*.

Anche in questa occasione i *social* sono per lui: con quasi 13.500 tra *mention* e *retweet* è il più "twittato" tra tutti gli ospiti e super ospiti della manifestazione canora, personaggi del calibro come Robbie Williams, Keanu Reeves, Ricky Martin...

E ancora una volta i commenti sono entusiastici:

Non possiamo avere Mika ospite tutte le sere?
(*i Pantellas*)

Grazie Mika. Hai inondato l'Ariston di classe, poesia e magia.
(*Lino NamasteAlì*)

Fate vincere Sanremo a Mika.
(*Mikains*)

A questo punto Mika è perfetto per presentare il prossimo Festival di Sanremo.
(*Paolo Giordano*)

Tenete Mika su quel palco a furor di popolo, non fatelo scendere...
(Valeria Calamia)

10

CONCLUSIONI

*«Artista poliedrico...
divulgatore di cultura»*

Ed allora come si risponde alla domanda dalla quale siamo partiti "Qual è il segreto di Mika?".

Torniamo al saggio di Eco per individuare un tratto che accomuna sicuramente i due personaggi, ovvero quel «fascino immediato e spontaneo spiegabile col fatto che in lui non si avverte nessuna costruzione o finzione scenica» che il filosofo attribuisce a Bongiorno.

Ma attenzione, perché subito dopo aggiunge: «Sembra quasi che egli si venda per quello che è e che quello che è sia tale da non porre in stato di inferiorità nessun spettatore, neppure il più sprovveduto».

Insomma il pubblico verrebbe rassicurato da un personaggio che si presenta in qualche modo come un ritratto dei suoi stessi limiti, ovvero di quella "assoluta mediocrità" che Eco attribuisce al "personaggio Bongiorno" e in cui ravvisa il motivo della grande popolarità di cui il medesimo godeva presso il pubblico.

Tesi che poggia sull'analisi di alcuni tratti salienti del "personaggio Bongiorno" che Eco individua nell'ignoranza, o più precisamente la scarsa considerazione della cultura se non funzionale ad un ritorno economico; nell'accettazione dei miti e delle convenzioni della società; nell'esprimersi in un italiano basico, semplificato al massimo, senza congiuntivi o proposizioni subordinate; nella mancanza di senso dell'umorismo e nelle mitiche *gaffes* quali atti di «sincerità mascherata», perché «quando la sincerità è voluta si ha sfida e provocazione».

È assolutamente evidente come in base ai nostri strumenti di analisi, ovvero i *media* e i *social*, il "personaggio Mika", comunque più poliedrico e complesso, risulti esattamente agli antipodi rispetto anche ai soli tratti costitutivi della "assoluta mediocrità" del "personaggio Bongiorno".

Si può quindi ragionevolmente sostenere che la ragione di fondo della popolarità della star anglo-libanese stia proprio nella percezione della sua assoluta straordinarietà, tanto da parte dei mezzi di comunicazione quanto soprattutto da parte del pubblico.

E questa percezione trova forse la migliore espressione nella motivazione con cui, nel gennaio 2018, il Sindaco di Firenze consegna a Mika le Chiavi della Città, nel corso di una suggestiva cerimonia a Palazzo Vecchio:

> Mika è l'artista unico e carismatico che ha saputo coinvolgere un vastissimo pubblico trasversale e intergenerazionale e avvicinarlo alla musica e alla cultura dello spettacolo. Attraverso il suo costante impegno nel mettersi in gioco, nel sapersi raccontare come uomo di cultura e palcoscenico sotto vesti e profili diversi,

ha suscitato nelle nuove generazioni grande curiosità e ansia di conoscenza, incarnando- sempre e comunque-la positiva figura dell'artista poliedrico e del divulgatore di cultura.

Per questo, per aver scelto il nostro Paese come terra di adozione e, soprattutto, per aver dimostrato in questi anni vicinanza e un grande affetto per la Città di Firenze, anche attraverso la fortunata collaborazione con il Maggio Musicale Fiorentino a Lei conferisco le Chiavi della Città.

Insomma un vero manifesto dell'ammirazione e dell'amore che tanti italiani nutrono nei confronti dell'artista e che, ancora una volta, i fan non perdono l'occasione di sottolineare, come con mirabile sintesi si può leggere in questo commento:

...ti volevo dire che io oltre alle chiavi della città di Firenze ti darei anche le chiavi di Lecce, Catania, Roma, Vene-

zia, Torino e di tutta l'Italia intera...
comprese le chiavi di casa mia e della
mia macchina...non so se l'hai capito
che l'Italia ti ama...
(*natascia.marzo*)

Il Terebinto Edizioni è una casa editrice indipendente con un vasto catalogo che comprende titoli di ogni genere. Dalla saggistica alla poesia, dalla narrativa all'aforismatico. La nostra politica editoriale è tutta volta all'innovazione e alla ricerca di nuovi talenti.

Per info e proposte editoriali, contattaci all'indirizzo terebinto.edizioni@gmail.com

www.ilterebintoedizioni.it   terebinto.edizioni@gmail.com

www.ingramcontent.com/pod-product-compliance
Lightning Source LLC
LaVergne TN
LVHW091612170726
843492LV00007B/2376